Impressum
Verlag: BABADADA GmbH, Nedderfeld 112 , 22529 Hamburg
Geschäftsführer / Verlagsleitung: Harald Hof
Druck: Books on Demand GmbH, In de Tarpen 42, 22848 Norderstedt

Imprint
Publisher: BABADADA GmbH, Nedderfeld 112 , 22529 Hamburg, Germany
Managing Director / Publishing direction: Harald Hof
Print: Books on Demand GmbH, In de Tarpen 42, 22848 Norderstedt, Germany

iskola

shkolla

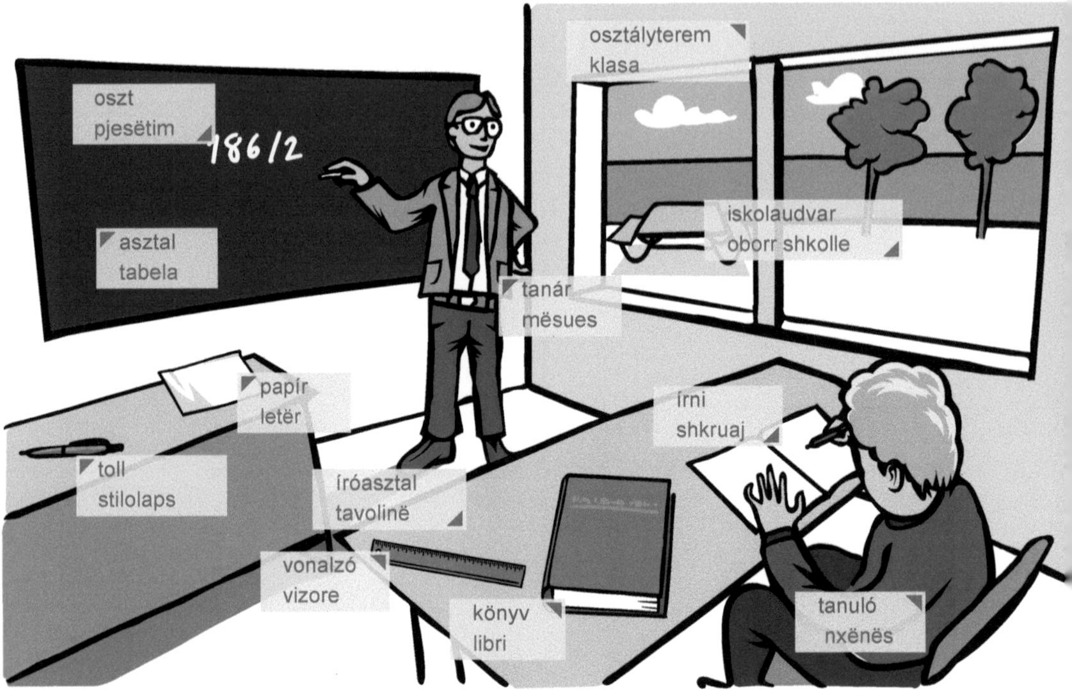

osztályterem
klasa
oszt
pjesëtim
186/2
asztal
tabela
iskolaudvar
oborr shkolle
tanár
mësues
papír
letër
írni
shkruaj
toll
stilolaps
íróasztal
tavolinë
vonalzó
vizore
könyv
libri
tanuló
nxënës

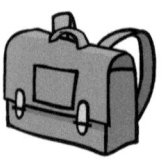

iskolatáska

çantë

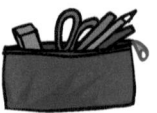

tolltartó

mbajtëse lapsash

ceruza

laps

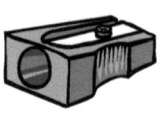

ceruzahegyező

mprehës lapsash

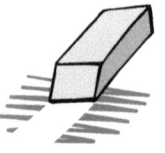

radír

gomë

rajzfüzet

fletore vizatimi

rajz

vizatim

ecset

penel

festőkészlet

kuti bojërash

olló

gërshërë

ragasztó

ngjitës

munkafüzet

fletore detyrash

házi feladat

detyrë shtëpie

szám

numër

összead

mbledh

kivon

zbres

szoroz

shumëzoj

számol

llogaris

betű

gërmë

ABC

alfabeti

szó

fjalë

szöveg

tekst

olvasni

lexoj

kréta

shkumës

tanóra

mësim

napló

regjistër

vizsga

provim

bizonyítvány

çertifikatë

iskolai egyenruha

uniformë shkolle

oktatás

arsimim

enciklopédia

enciklopedia

egyetem

universitet

mikroszkóp

mikroskop

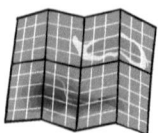

térkép

hartë

papír-hulladék gyűjtő

kosh letrash

utazás
udhëtim

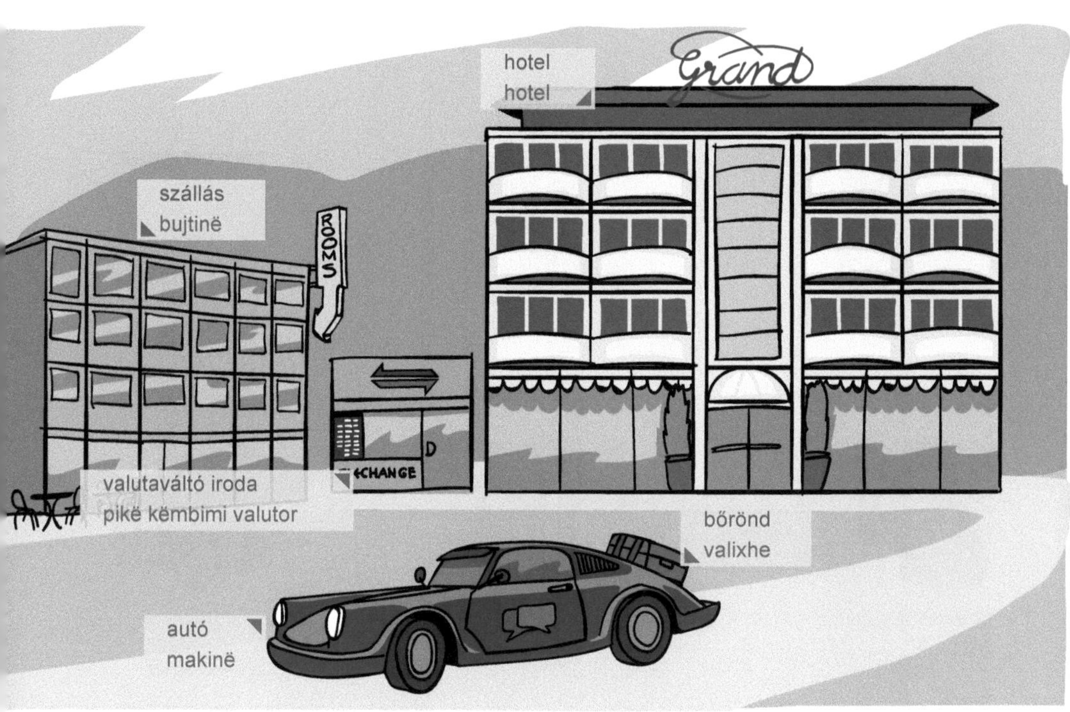
hotel
hotel
Grand
szállás
bujtinë
ROOMS
valutaváltó iroda
pikë këmbimi valutor
EXCHANGE
bőrönd
valixhe
autó
makinë

nyelv

gjuhë

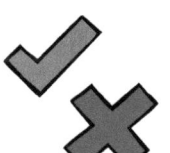

igen/nem

po / jo

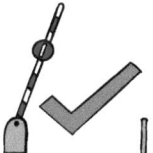

rendben

Në rregull

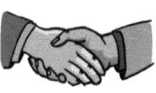

szia

ç'kemi

fordító

përkthyes

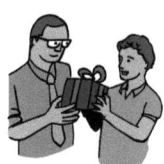

köszönöm

Faleminderit

mennyibe kerül…?

sa kushton…?

nem értem

nuk e kuptoj

probléma

problem

Jó estét!

Mirëmbrëma!

jó reggelt!

Mirëmëngjes!

jó éjszakát!

Natën e mirë!

viszontlátásra

mirupafshim

útirány

drejtim

poggyász

bagazhet

táska

çantë

hátizsák

çantë shpine

vendég

mysafir

szoba

dhomë

hálózsák

thes gjumi

sátor

tendë

turista információ

informacion për turistët

strand

plazh

hitelkártya

kartë krediti

reggeli

mëngjes

ebéd

drekë

vacsora

darkë

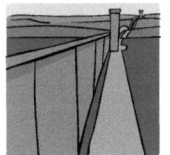

jegy

Biletë

lift

ashensor

bélyeg

pulla

határ

kufi

vám

doganë

nagykövetség

ambasadë

vízum

vizë

útlevél

pasaportë

közlekedés

transport

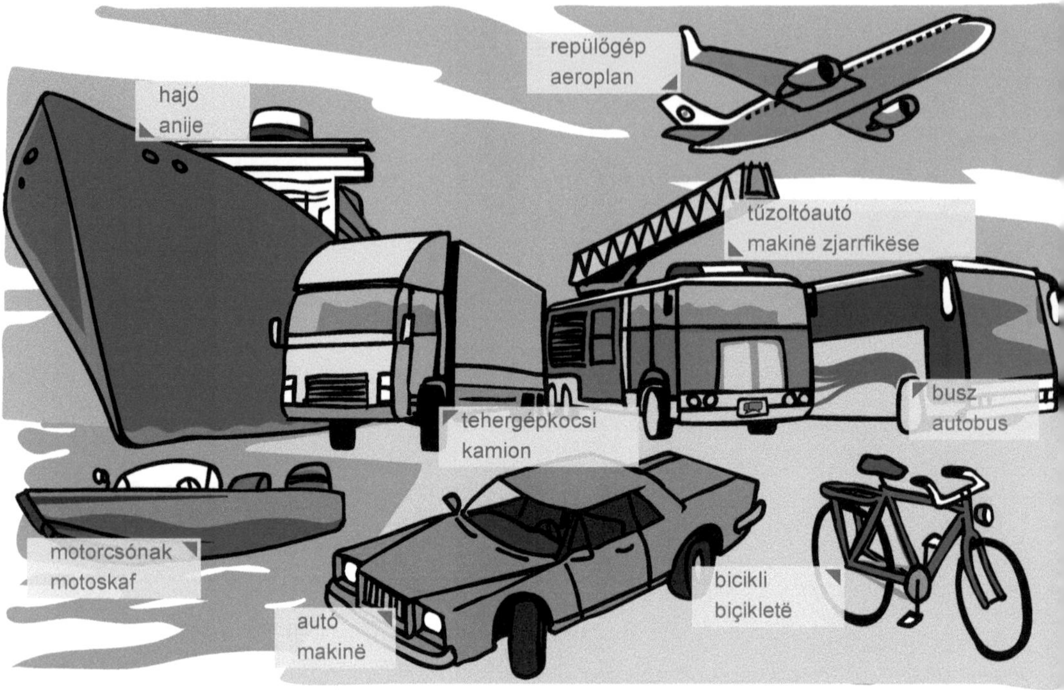
repülőgép
aeroplan
hajó
anije
tűzoltóautó
makinë zjarrfikëse
busz
autobus
tehergépkocsi
kamion
motorcsónak
motoskaf
bicikli
biçikletë
autó
makinë

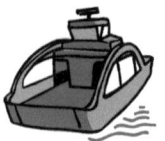

komp

traget

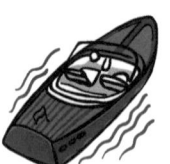

csónak

varkë

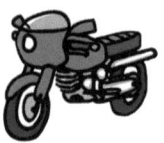

motorkerékpár

motoçikletë

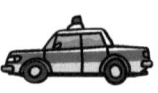

rendőrautó

makinë policie

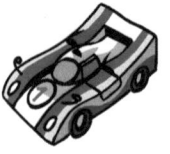

versenyautó

makinë garash

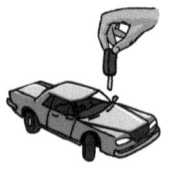

bérautó

makinë me qira

telekocsi

ndarje e qirasë së makinës

vontató

karroatrec

szemetes autó

makinë plehrash

motor

motor

üzemanyag

benzinë

benzinkút

pikë karburanti

közlekedési tábla

sinjalistikë trafiku

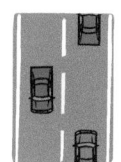

forgalom

trafik

forgalmi dugó

bllokim trafiku

parkoló

parkim makinash

vonatállomás

stacion treni

sínek

trase

vonat

tren

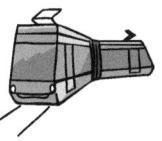

villamos

tramvaj

vagon

karro

helikopter
helikopter

repülőtér
aeroport

torony
kullë

utas
pasagjer

konténer
kontenier

kartondoboz
kuti kartoni

taliga
qerre

kosár
shportë

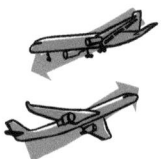

felszáll / leszáll
ngrihem / ulem

város
qytet

falu
fshat

városközpont
qendra e qytetit

ház
shtëpi

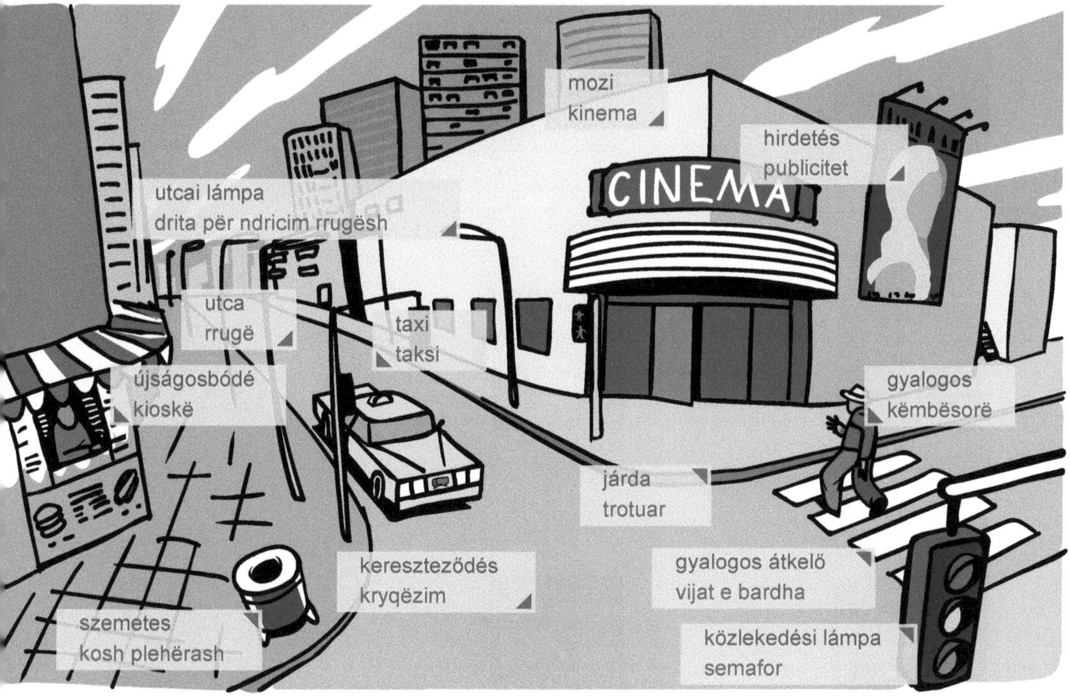

mozi
kinema

hirdetés
publicitet

utcai lámpa
drita për ndricim rrugësh

CINEMA

utca
rrugë

taxi
taksi

újságosbódé
kioskë

gyalogos
këmbësorë

járda
trotuar

kereszteződés
kryqëzim

gyalogos átkelő
vijat e bardha

szemetes
kosh plehërash

közlekedési lámpa
semafor

kunyhó
....
kasolle

lakás
....
apartament

vonatállomás
....
stacion treni

városháza
....
bashki

múzeum
....
muze

iskola
....
shkolla

egyetem

universitet

bank

bankë

kórház

spital

hotel

hotel

gyógyszertár

farmaci

iroda

zyrë

könyvesbolt

librari

üzlet

dyqan

virágüzlet

dyqan lulesh

szupermarket

supermarket

piac

market

áruház

mapo

halárus

dyqan peshku

bevásárló központ

qëndër tregtare

kikötő

port

park
park

pad
stol

híd
urë

lépcső
shkallë

metró
metro

alagút
tunel

buszmegálló
stacion autobuzi

bár
bar

étterem
restorant

postaláda
kuti postare

utcatábla
sinjalistikë rrugore

parkoló óra
kohëmatës parkimi

állatkert
kopsht zoologjik

uszoda
pishinë

mecset
xhami

gazdálkodás
fermë

környezetszennyezés
ndotje

temető
varrezë

templom
kishë

játszótér
shesh lojërash

szentély
tempull

táj

peisazh

levél
gjethe

útjelző tábla
tabela orientuese

út
rrugë

rét
livadh

kő
gurë

túrázó
ekskursionist

fa
pemë

folyó
lumë

fű
bar

virág
lule

völgy
luginë

domb
kodër

tó
liqen

erdő
pyll

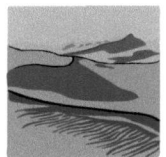

sivatag
shkretëtirë

vulkán
vullkan

kastély
kështjellë

szivárvány
ylber

gomba
kepudhë

pálmafa
palmë

szúnyog
mushkonjë

légy
mizë

hangya
milingonë

méhecske
bletë

pók
merimangë

bogár
brumbull

béka
bretkosë

mókus
ketër

sündisznó
iriq

nyúl
lepur

bagoly
buf

madár
zog

hattyú
mjellmë

vaddisznó
derr i egër

szarvas
dre

rénszarvas
dre brilopatë

gát
digë

szélturbina
turbinë ere

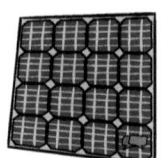

napelem
panel diellor

éghajlat
klimë

étterem
restorant

pincér
kamarier
menü
menu
szék
karrige
leves
supë
pizza
pica
terítő
mbulesë tavoline
evőeszköz
set ngrënieje

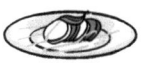

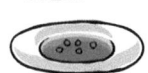

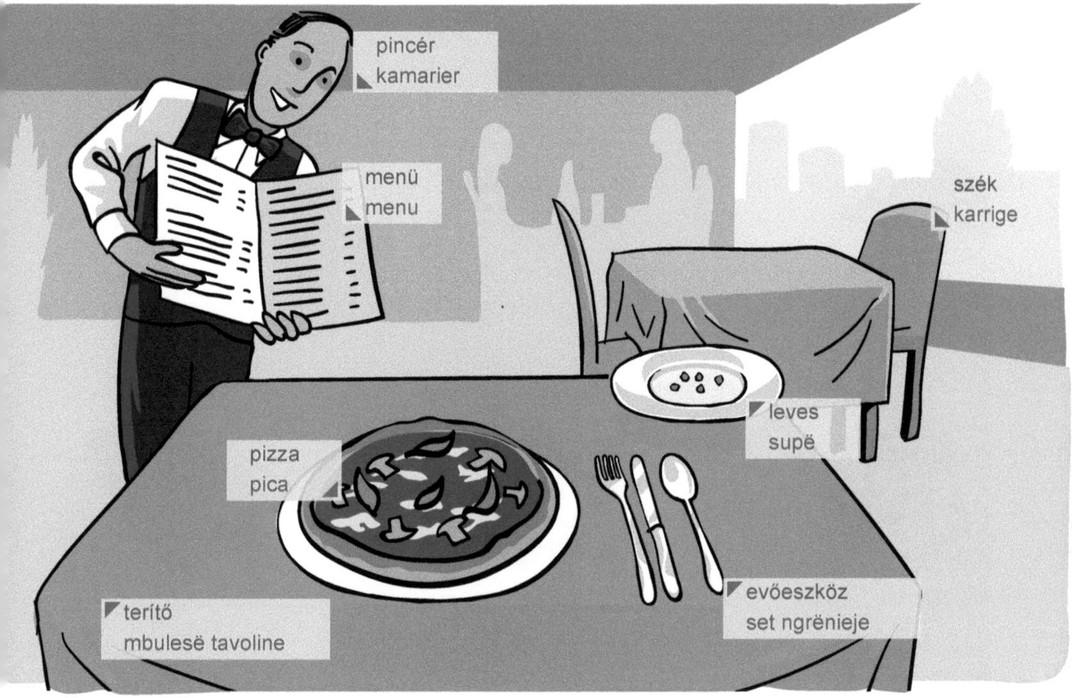

előétel
pjatë e parë

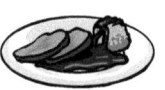

főétel
pjatë kryesore

desszert
ëmbëlsirë

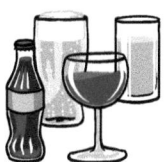

italok
pije

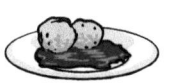

étel
ushqim

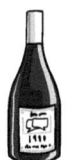

üveg
shishe

gyorsétel

ushqim i shpejtë

gyorsétel

ushqim i shërbyer në rrugë

teás kanna

ibrik çaji

cukortartó

kuti sheqeri

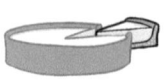

adag

racion

eszpresszógép

makinë kafeje ekspres

bárszék

karrige e lartë

számla

faturë

tálca

tabaka

kés

thika

villa

pirun

kanál

lugë

teáskanál

lugë çaji

szalvéta

pecetë

pohár

gotë

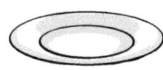

tányér
pjatë

leveses tányér
pjatë supe

csészealj
pjatë filxhani

szósz
salcë

sószóró
mbajtëse kripe

borsőrlő
mulli piperi

ecet
uthull

étkezési olaj
vaj

fűszerek
erëza

ketchup
keçap

mustár
mustardë

majonéz
majonezë

szupermarket

supermarket

különleges ajánlat
ofertë speciale
ügyfél
klient
tejtermék
produkte bulmeti
gyümölcsök
frut
bevásárló kocsi
karrocë pazari
FOR

BUTCHERS

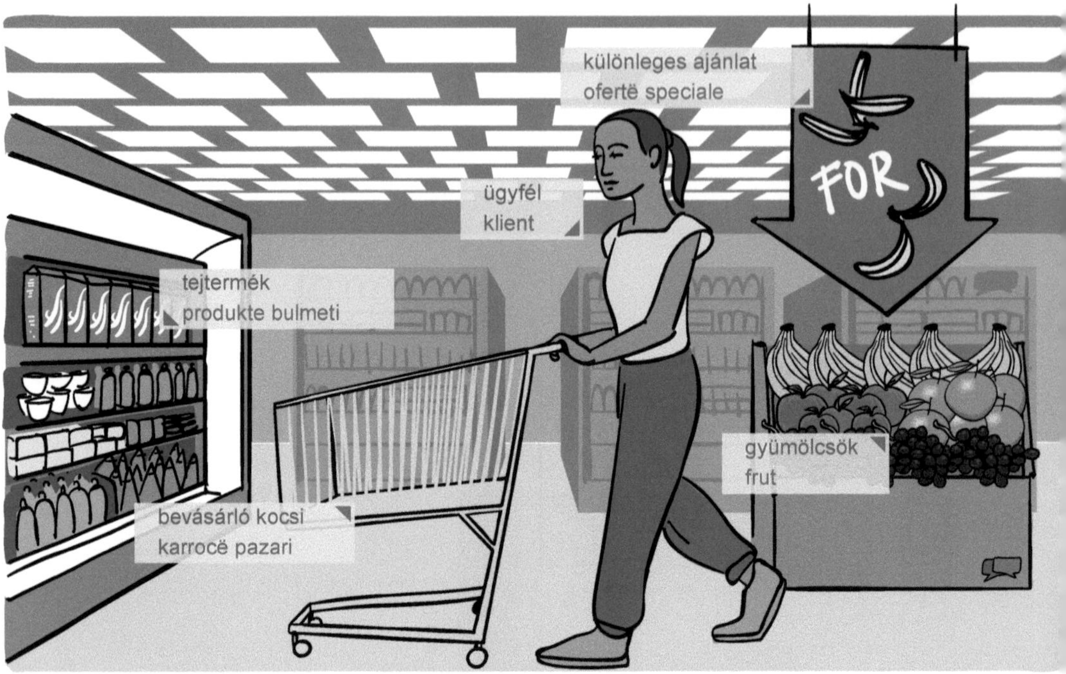

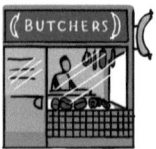

hentes

dyqan mishi

BAKERY

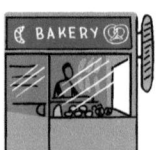

pékség

furrë buke

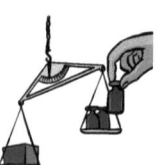

nyom valamennyit

peshoj

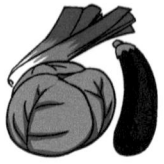

zöldség

perime

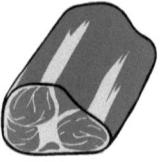

hús

mish

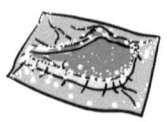

fagyasztott áru

ushqim i ngrirë

felvágott

copë

konzerv

ushqim i konservuar

mosópor

pluhur larës

édességek

ëmbëlsirat

háztartási termék

prodhime shtëpie

tisztítószerek

produkte pastrimi

eladó

shitëse

pénztárgép

kasë fiskale

eladó

arkëtar

bevásárló lista

listë blerjeje

nyitva tartás

oraret e punës

levéltárca

portofol

hitelkártya

kartë krediti

zacskó

çantë

műanyag zacskó

qese plastike

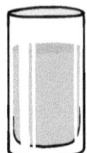

víz

ujë

gyümölcslé

lëng frutash

tej

qumësht

kóla

koka-kola

bor

verë

sör

birrë

alkohol

alkool

kakaó

kakao

tea

çaj

kávé

kafe

eszpresszó

kafe ekspres

kapucsínó

kapuçino

banán

banane

alma

mollë

narancs

portokalle

sárgadinnye

pjepër

citrom

limon

sárgarépa

karrotë

fokhagyma

hudhër

bambusz

bambu

hagyma

qepë

gomba

kërpudha

magvak

arra

nokedli

makarona

spagetti

spageti

rizs

oriz

saláta

sallatë

sült krumpli

patate të skuqura

sült burgonya

patate të skuqura

pizza

pica

hamburger

hamburger

szendvics

sanduiç

hússzelet

shnicel

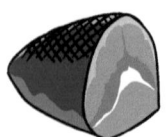

sonka

proshutë

szalámi

sallam

kolbász

salçiçe

csirke

pulë

pecsenye

skuq

hal

peshk

zabkása

térshërë

müzli

drithëra

kukoricapehely

kornfleiks

liszt

miell

croissant

kruasant

zsemle

panine

kenyér

bukë

pirítós kenyér

tost

keksz

biskotë

vaj

gjalp

túró

gjizë

sütemény

tortë

tojás

vezë

tükörtojás

vezë sy

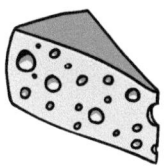

sajt

djathë

jégkrém

akullore

cukor

sheqer

méz

mjaltë

lekvár

marmaladë

mogyorókrém

çokokrem

curry

këri

étel - ushqim

gazdálkodás
fermë

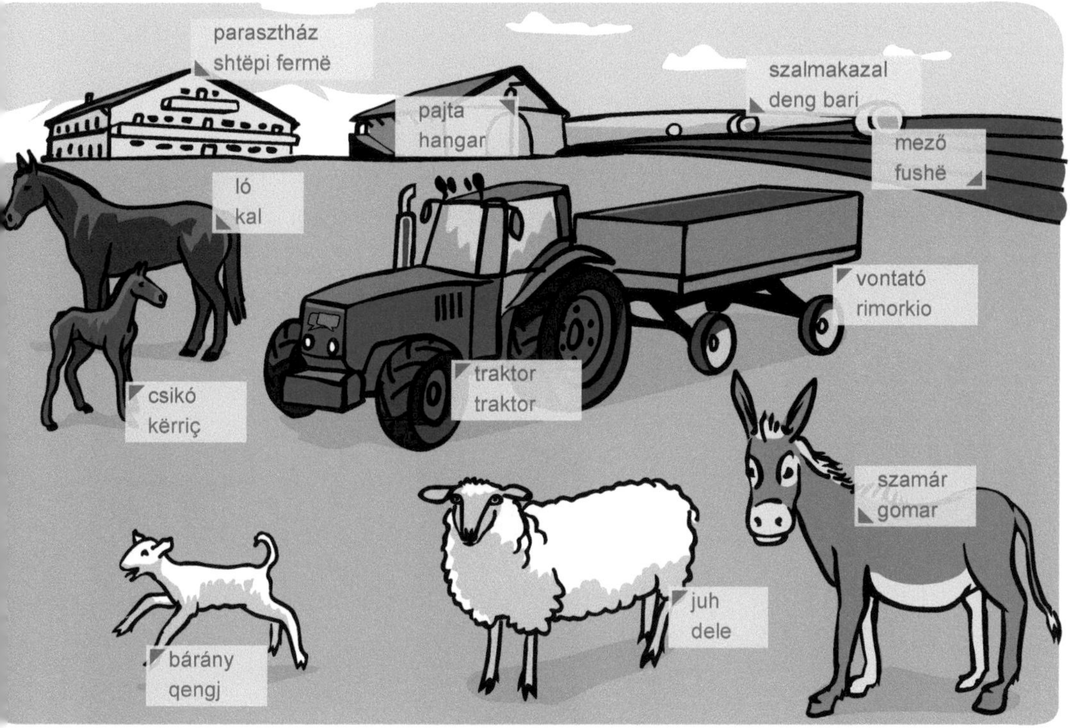
parasztház
shtëpi fermë
pajta
hangar
szalmakazal
deng bari
mező
fushë
ló
kal
vontató
rimorkio
traktor
traktor
csikó
kërriç
szamár
gomar
juh
dele
bárány
qengj

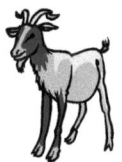

kecske

dhi

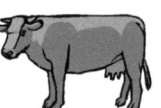

tehén

lopë

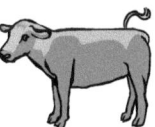

borjú

viç

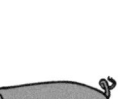

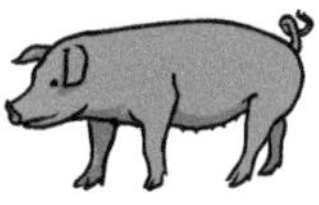
malac

derr

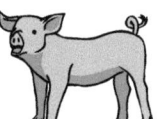

kismalac

derrkuc

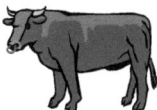

bika

dem

liba
patë

kacsa
rosë

csibe
zog pule

tojó
pulë

kakas
gjel

patkány
mi

macska
mace

egér
mi

ökör
buall

kutya
qen

kutyaház
kolibe qeni

kerti öntözőcső
zorrë vaditëse

öntözőkanna
vaditëse

kasza
kosë

eke
plug

sarló

drapër

kapa

shat

vasvilla

kosa

fejsze

sëpatë

talicska

karrocë

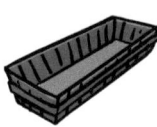

teknő

govatë

tejes kancsó

bidon qumështi

zsák

thes

kerítés

gardh

istálló

ahur

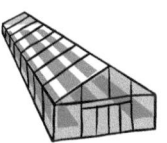

üvegház

serë

talaj

dhe

vetőmag

farë

trágya

pleh

cséplőgép

autokombanjë

szüretelni

korr

betakarítás

te korrat

yamgyökér

patate e ëmbël "Yam"

búza

grurë

szója

soja

burgonya

patate

kukorica

misër

repcemag

raps

gyümölcsfa

pemë frutore

manióka

zhardhok manioku

gabona

drithëra

ház
shtëpi

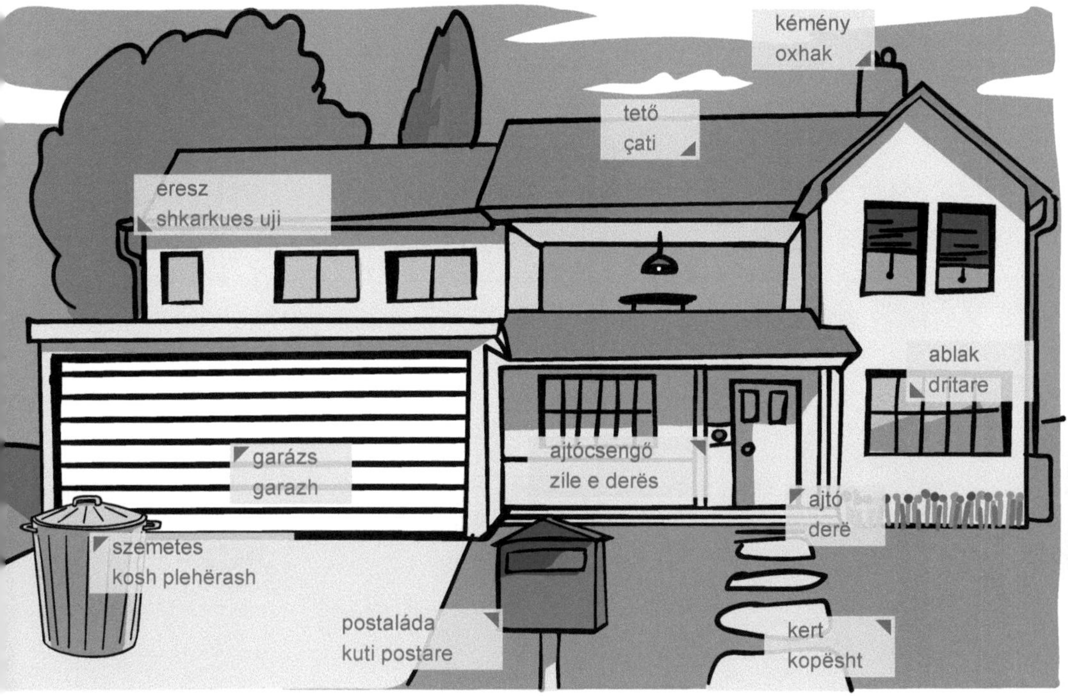

kémény
oxhak
tető
çati
eresz
shkarkues uji
ablak
dritare
garázs
garazh
ajtócsengő
zile e derës
ajtó
derë
szemetes
kosh plehërash
postaláda
kuti postare
kert
kopësht

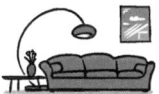

nappali
dhomë ndenjeje

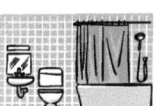

fürdőszoba
tualet

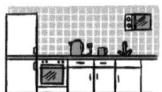

konyha
kuzhinë

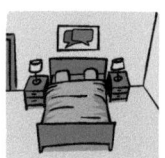

hálószoba
dhomë gjumi

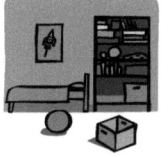

gyerekszoba
dhomë fëmijësh

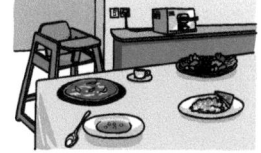

ebédlő
dhomë ngrënieje

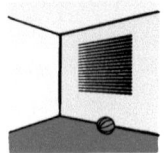

padló

dysheme

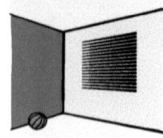

fal

mur

plafon

tavan

pince

bodrum

szauna

sauna

erkély

ballkon

terasz

tarracë

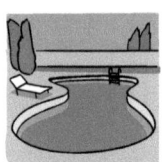

medence

pishinë

fűnyíró

kositëse bari

lepedő

çarçaf

ágytakaró

kuvertë

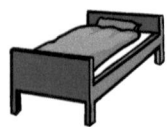

ágy

krevat

seprű

fshesë dore

vödör

kovë

kapcsoló

çelës

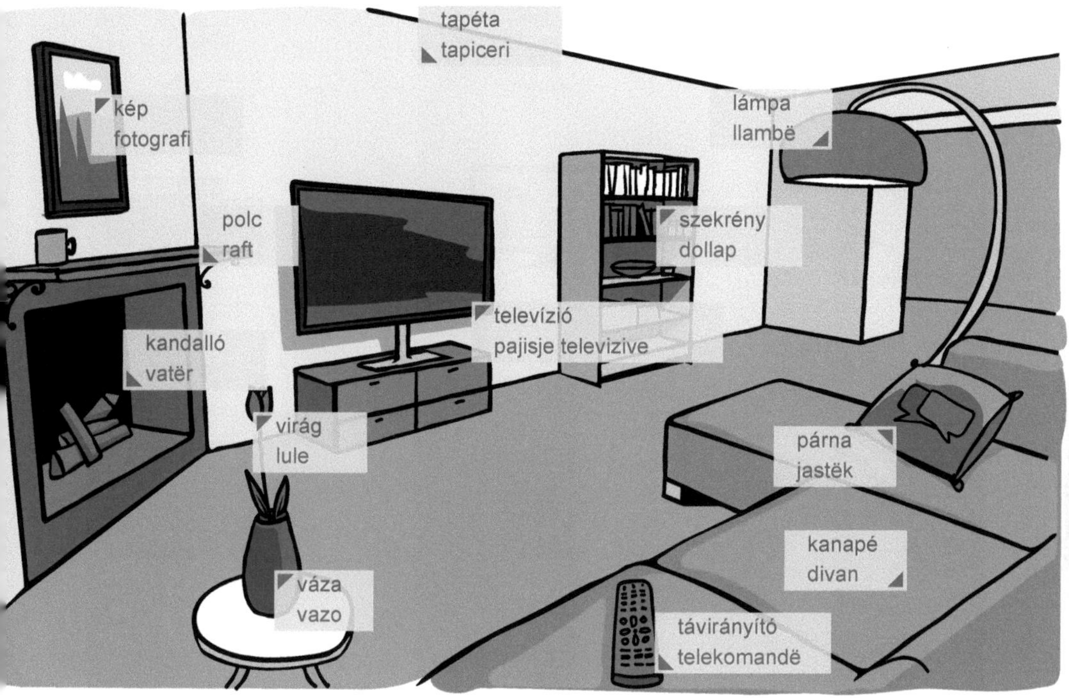

tapéta
tapiceri

kép
fotografi

lámpa
llambë

polc
raft

szekrény
dollap

kandalló
vatër

televízió
pajisje televizive

virág
lule

párna
jastëk

kanapé
divan

váza
vazo

távirányító
telekomandë

szőnyeg
qilim

függöny
perde

asztal
tavolinë

szék
karrige

hintaszék
karrige lëkundëse

karosszék
kolltuk

könyv
libri

takaró
batanije

dekoráció
zbukurime

tűzifa
dru zjarri

film
film

hifi
stereo

kulcs
çelës

újság
gazetë

festmény
pikturë

poszter
afishe

rádió
radio

jegyzetfüzet
bllok shënimesh

porszívó
fshesë me korent

kaktusz
kaktus

gyertya
qiri

konyha
kuzhinë

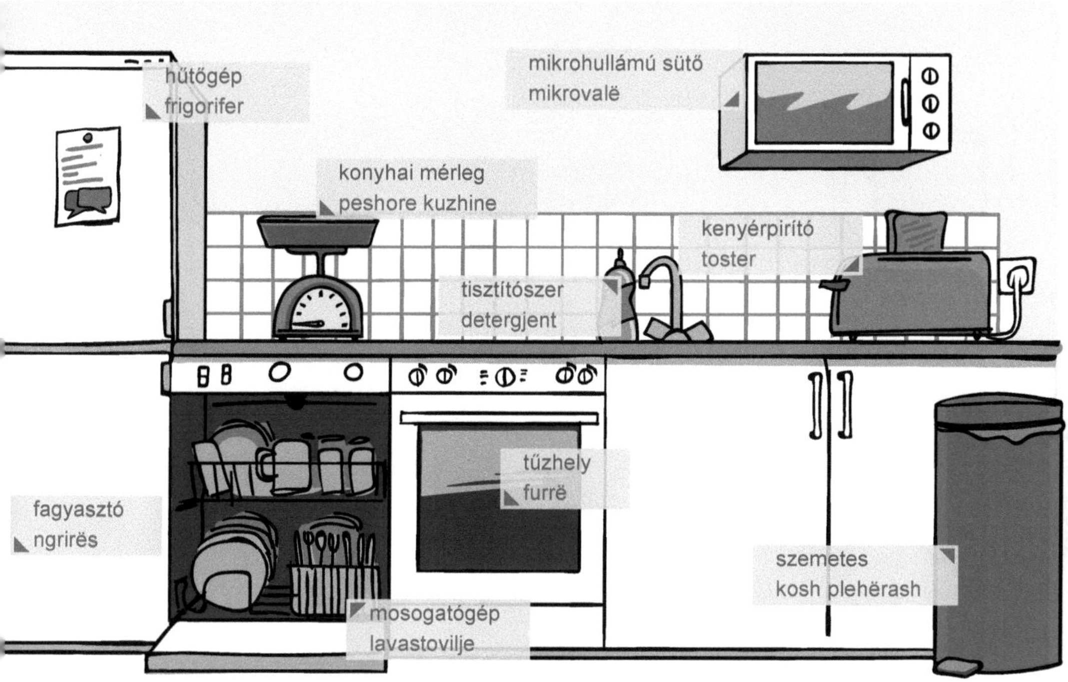
hűtőgép
frigorifer
mikrohullámú sütő
mikrovalë
konyhai mérleg
peshore kuzhine
kenyérpirító
toster
tisztítószer
detergjent
tűzhely
furrë
fagyasztó
ngrirës
szemetes
kosh plehërash
mosogatógép
lavastovilje

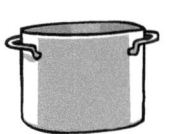

tűzhely

sobë

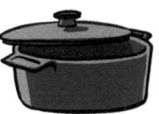

edény

tenxhere

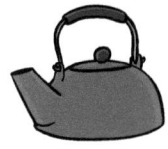

vasfazék

tenxhere me kapak

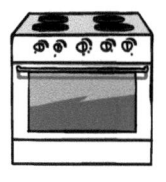

wok / kadai

tigan special (Wok)

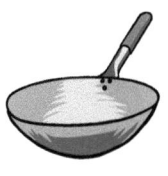

serpenyő

tigan

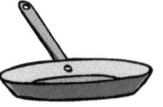

vízforraló

çajnik

pároló

tenxhere me avull

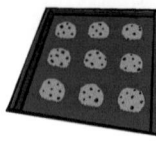

tepsi

tavë pjekjeje

étkészlet

enë

bögre

filxhan

tálka

tas

evőpálcika

shkopinj

merőkanál

garuzhde

keverőlapátka

spatul

habverő

tel kuzhine

szűrő

kulluese

szita

sitë

reszelő

rende

mozsár

havan

grillsütő

skarë

kandalló

zjarr

vágódeszka

dërrasë për prerje

sodrófa

okllai

dugóhúzó

heqëse tapash

doboz

kanaçe

konzervnyitó

hapëse kanaçeje

edényfogó

rrobë për të kapur tenxheren

mosogató

lavaman

kefe

furçë

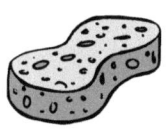

szivacs

sfungjer

turmixgép

përzjerës

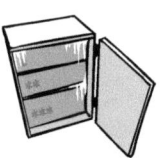

mélyhűtő

ngrirës

cumisüveg

biberon për lëngje

csap

rubinet

fürdőszoba
tualet

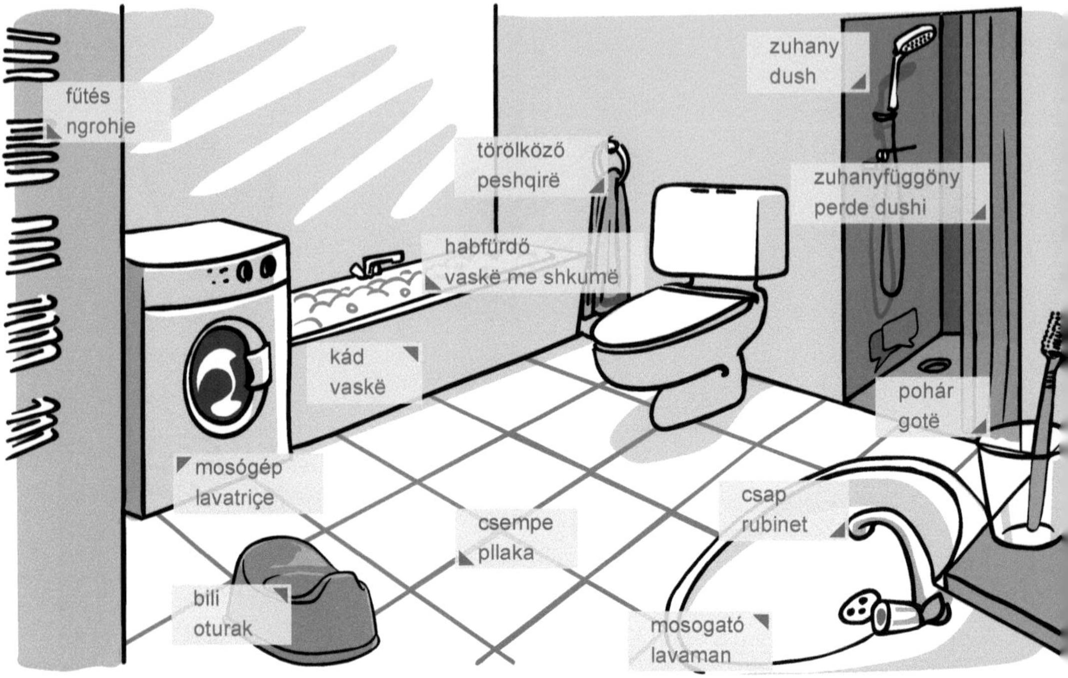
fűtés
ngrohje
törölköző
peshqirë
zuhany
dush
zuhanyfüggöny
perde dushi
habfürdő
vaskë me shkumë
kád
vaskë
pohár
gotë
mosógép
lavatriçe
csap
rubinet
csempe
pllaka
bili
oturak
mosogató
lavaman

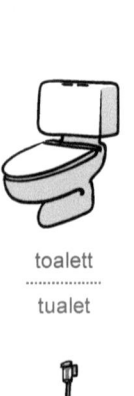

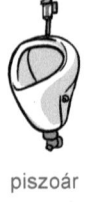

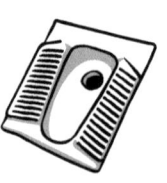

toalett
tualet

guggolós toalett
WC e sheshtë

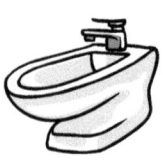

bidé
bide

piszoár
tualet publik

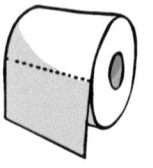

toalett papír
letër higjienike

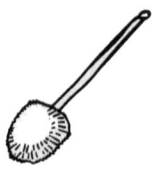

wc kefe
furçe për WC

fogkefe

furçë dhëmbësh

fogkrém

pastë dhëmbësh

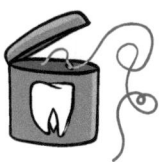

fogselyem

fije dentare

mosni

laj

kézi zuhany

dorezë dushi

intimzuhany

larës për zonën intime

mosdótál

legen

hátmosó kefe

furçë për masazh shpine

szappan

sapun

tusfürdő

shampo trupi

sampon

shampo

mosdókesztyű

leckë pastruese

lefolyó

kullues

krém

krem

dezodor

antidjersë

tükör

pasqyrë

kézitükör

pasqyrë dore

borotva

brisk rroje

borotvahab

shkumë rroje

borotválkozás utáni arcszesz

locion pas rrojes

fésű

krehër

hajkefe

furçë

hajszárító

tharëse flokësh

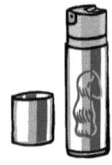

hajlakk

llak për flokët

smink

grim

ajakrúzs

buzëkuq

körömlakk

manikyr

vatta

mbushje pambuku

körömvágó olló

gërshërë për thonj

parfüm

parfum

neszesszer

çantë për sendet personale

sámli

Stol

mérleg

peshore

köntös

robëdëshambër

gumikesztyű

dorashka gome

tampon

tampon

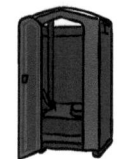

egészségügyi betét

peceta higjienike

vegyi WC

tualet I lëvizshëm

gyerekszoba
dhomë fëmijësh

ébresztő óra
orë me zile
plüssállat
lodra me pellushë
játékautó
makinë lodër
csörgő
rraketake
babaház
shtëpi kukullash
ajándék
dhuratë

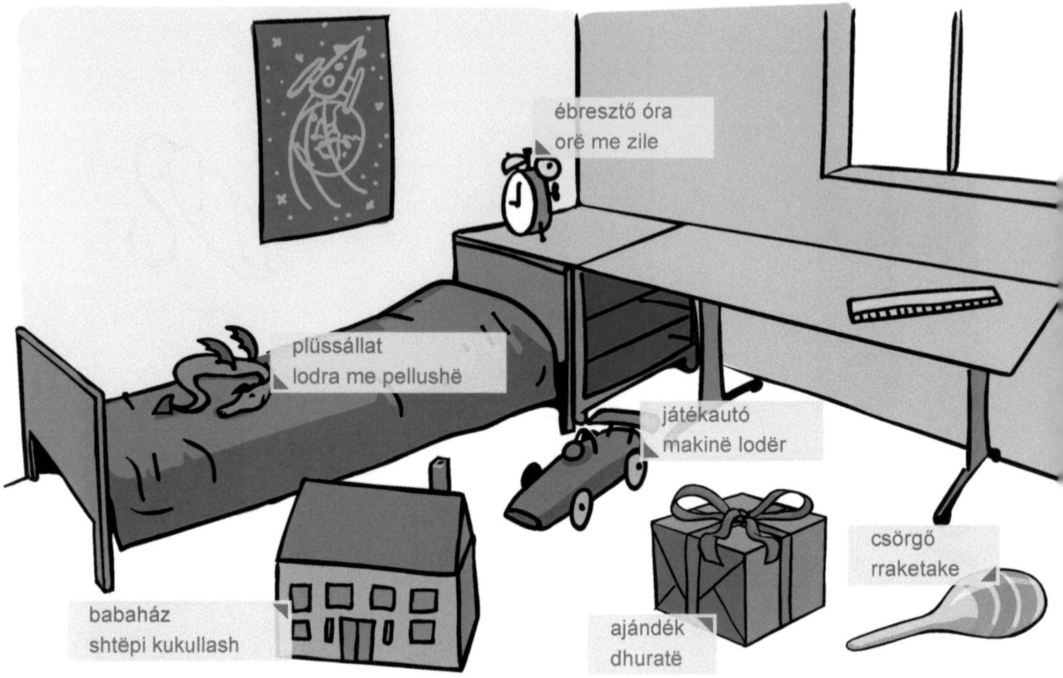

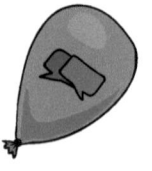

lufi

tollumbace

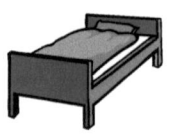

ágy

krevat

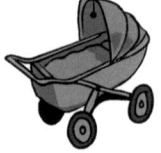

babakocsi

karrocë fëmijësh

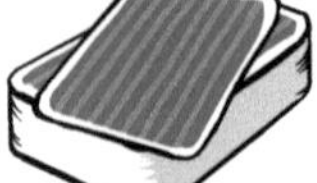

kártyapakli

lojë me letra

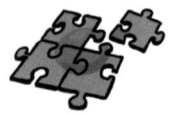

kirakós játék

bashkim pjesësh me figura

SUPER
MEGA

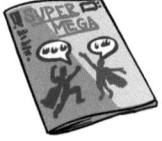

képregény

komik

építőkockák
formuese lodër

építőelem
kuba plastikë

szuperhős
lodra

rugdalózó
badi

frizbi
frizbi

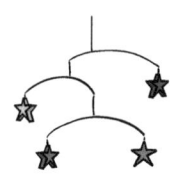

zenélő forgó
lodra të varura tek krevati i fëmijëve

társasjáték
tavolinë lojërash

kocka
zare

modellvasút
model treni

cumi
biberon

zsúr
festë

képeskönyv
libër me ilustrime

labda
top

baba
kukull

játszani
luaj

homokozó

grumbull rëre

hinta

kolovarëse

játékok

lodra

videójáték konzol

leva për lojra video

tricikli

triçikël

teddi maci

arush prej pellushi

ruhásszekrény

garderobë

ruházat

veshje

zokni

çorape

harisnya

çorape të gjata

harisnyanadrág

geta

sál
shall

öv
rrip

esernyő
çadër

póló
bluzë pa jakë

csizma
çizme

papucs
pantofla

tornacipő
atlete

szandál
sandale

cipő
këpucë

gumicsizma
çizme llastiku

alsónadrág
të mbathura

melltartó
reçipeta

mellény
kanotierë

body
trup

nadrág
pantallona

farmer
xhinse

szoknya
fund

blúz
bluzë

ing
këmishë

pulóver
pulovër

kapucnis pulóver
triko

blézer
xhaketë

dzseki
xhaketë

kabát
pallto

esőkabát
mushama shiu

kosztüm
kostum

ruha
fustan

esküvői ruha
fustan nusërie

öltöny

kostum

hálóing

këmishë nate

pizsama

pizhama

szári

sari (veshje tradicionale indiane)

fejkendő

shami koke

turbán

çallmë

burka

veshje për femrat e besimit musliman

kaftán

kaftan (lloj veshjeje tradicionale)

abaya

ferexhe

fürdőruha

kostum banje

fürdőnadrág

rroba banje

rövidnadrág

pantallona të shkurtra

tréningruha

tuta sporti

kötény

përparëse

kesztyű

dorashka

gomb

kopsë

szemüveg

syze

karkötő

byzylyk

nyaklánc

gjerdan

gyűrű

unazë

fülbevaló

vath

sapka

kapuç

vállfa

varëse për pallto

kalap

kapele

nyakkendő

kravatë

cipzár

zinxhir

bukósisak

helmetë

nadrágtartó

tiranda

iskolai egyenruha

uniformë shkolle

egyenruha

uniformë

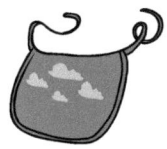

előke

gushore

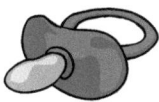

cumi

biberon

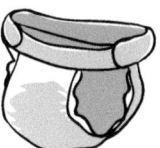

pelenka

pelenë

iroda
zyrë

szerver
server
irattartó szekrény
skedar
papír
letër
nyomtató
printer
képernyő
ekran
egér
maus
íróasztal
tavolinë
mappa
dosje
billentyűzet
tastierë
szék
karrige
papír-hulladék gyűjtő
kosh letrash
számítógép
kompjuter

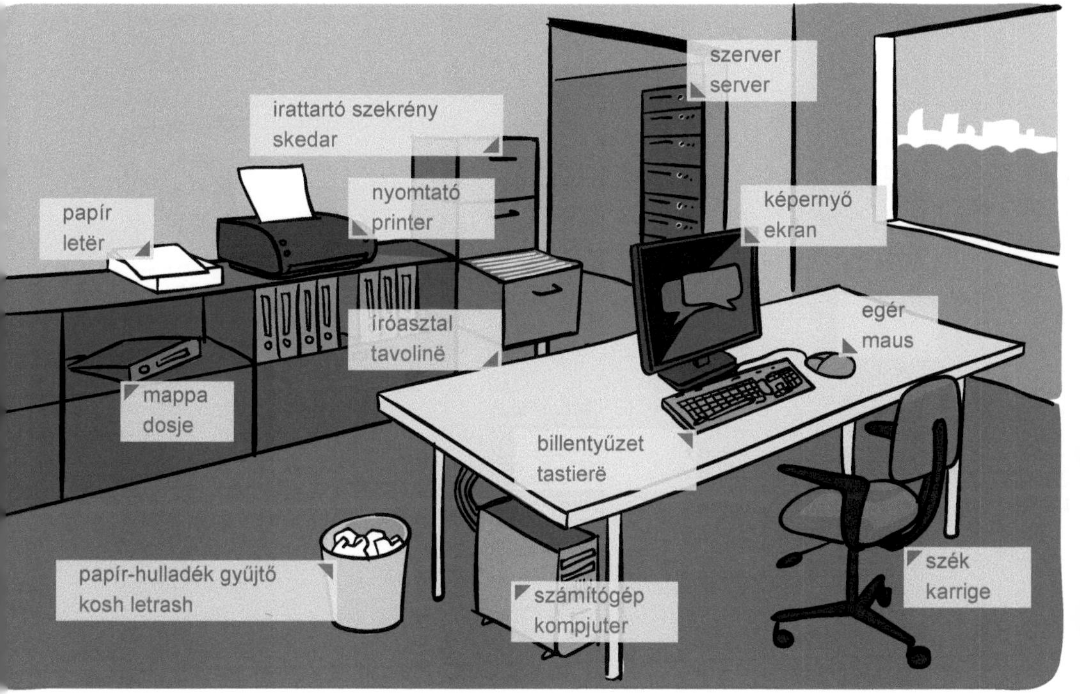

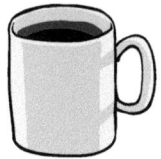

kávéscsésze

filxhan kafeje

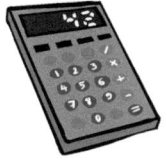

számológép

makinë llogaritëse

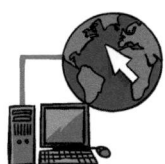

internet

internet

laptop

kompjuter portativ

levél

letër

üzenet

mesazh

mobiltelefon

telefon

hálózat

rrjet

fénymásoló

fotokopje

szoftver

program

telefon

telefon

konnektor

prizë

faxgép

pajisje faksi

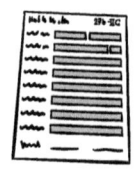

formanyomtatvány

formular

dokumentum

dokument

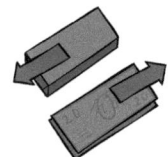

venni

blej

fizetni

paguaj

kereskedni

tregtoj

pénz

para

 **USD**

dollár

dollar

 **EUR**

euró

euro

JPY

jen

jen

RUB

rubel

rubla

CHF

svájci frank

franga zvicerane

CNY

kínai jüan

juani kinez

INR

rúpia

rupje

bankautomata

bankomat

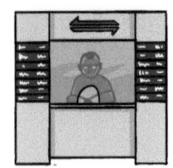

valutaváltó iroda

pikë këmbimi valutor

arany

ar

ezüst

argjend

olaj

nafta

energia

energji

ár

çmim

szerződés

kontratë

adó

taksë

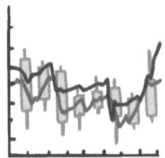

részvény

aksione

dolgozni

punoj

munkavállaló

punonjës

munkaadó

punëdhënës

gyár

fabrikë

üzlet

dyqan

gazdaság - ekonomi

rendőr
oficer policie

tűzoltó
zjarrfikës

szakács
kuzhinier

orvos
mjek

pilóta
pilot

kertész

kopshtar

kárpitos

marangoz

varrónő

rrobaqepëse

bíró

gjykatës

vegyész

kimist

színész

aktor

buszsofőr

shofer autobuzi

taxisofőr

taksist

halász

peshkatar

bejárónő

pastruese

tetőfedő

riparues çatish

pincér

kamarier

vadász

gjuetar

festő

piktor

pék

furrxhi

villanyszerelő

elektriçist

építőmunkás

ndërtues

mérnök

inxhinier

hentes

kasap

vízvezeték-szerelő

hidraulik

postás

postieri

katona

ushtar

építész

arkitekt

eladó

arkëtar

virágos

luleshitës

fodrász

berber

kalauz

kontrollor

műszerész

mekanik

kapitány

kapiten

fogorvos

dentist

tudós

shkencëtar

rabbi

rabin

imám

imam

szerzetes

murg

lelkész

klerik

szerszámok
mjete

kalapács
çekiç
fogó
pinca
csavarhúzó
kaçavidë
csavarkulcs
çelës mekanik
elemlámpa
elektrik dore

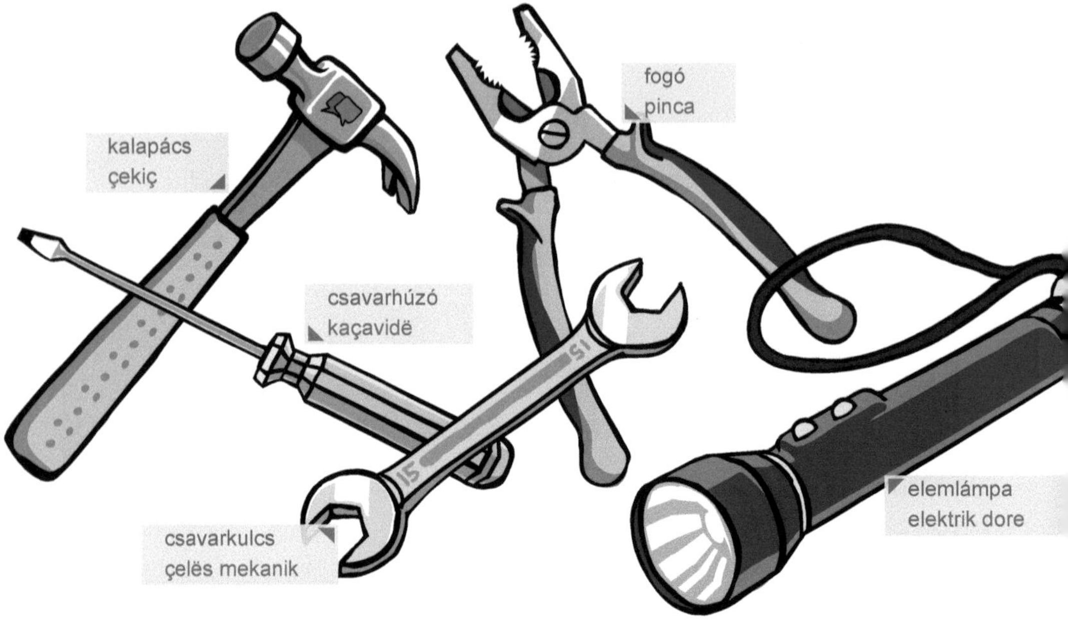

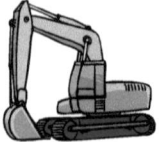

markológép
ekskavator

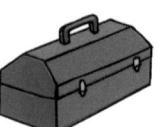

szerszámosláda
kuti veglash

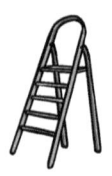

vödör
shkallë

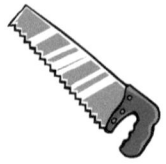

fűrész
sharrë

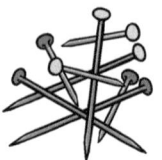

szög
gozhdë

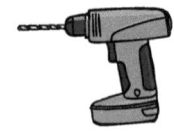

fúrógép
trapan

megjavítani

riparoj

lapát

lopatë

A francba!

Dreq!

szemétlapát

kaci

festékesdoboz

kuti boje

csavar

vidhë

hangszerek

instrumenta muzikorë

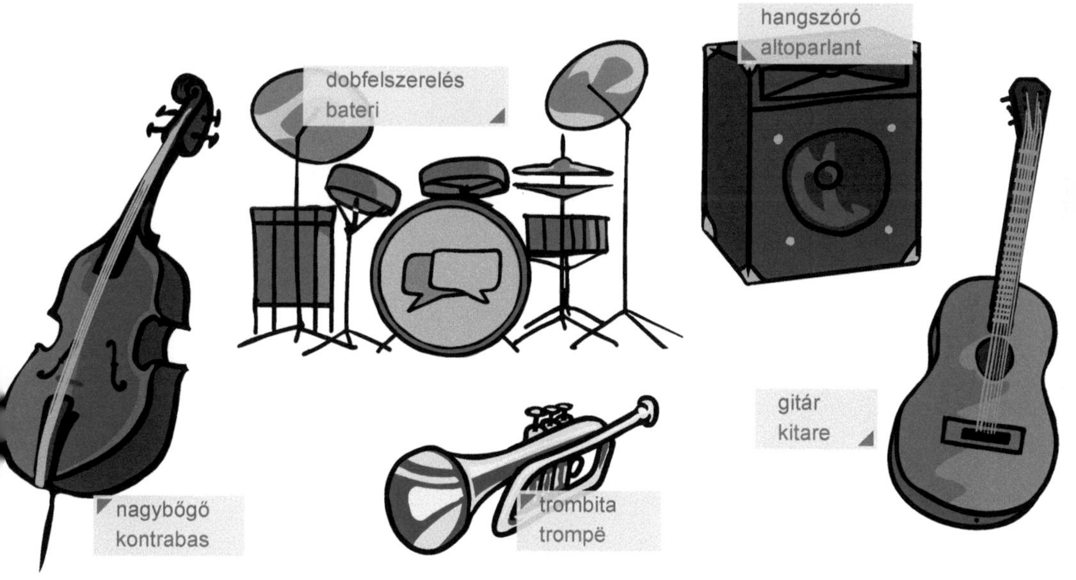

hangszóró
altoparlant

dobfelszerelés
bateri

gitár
kitare

nagybőgő
kontrabas

trombita
trompë

zongora

piano

hegedű

violinë

basszusgitár

bas

üstdob

tamburë

dobok

daulle

digitális zongora

tastierë pianoje

szaxofon

saksofon

fuvola

flaut

mikrofon

mikrofon

hangszerek - instrumenta muzikorë

állatkert

kopsht zoologjik

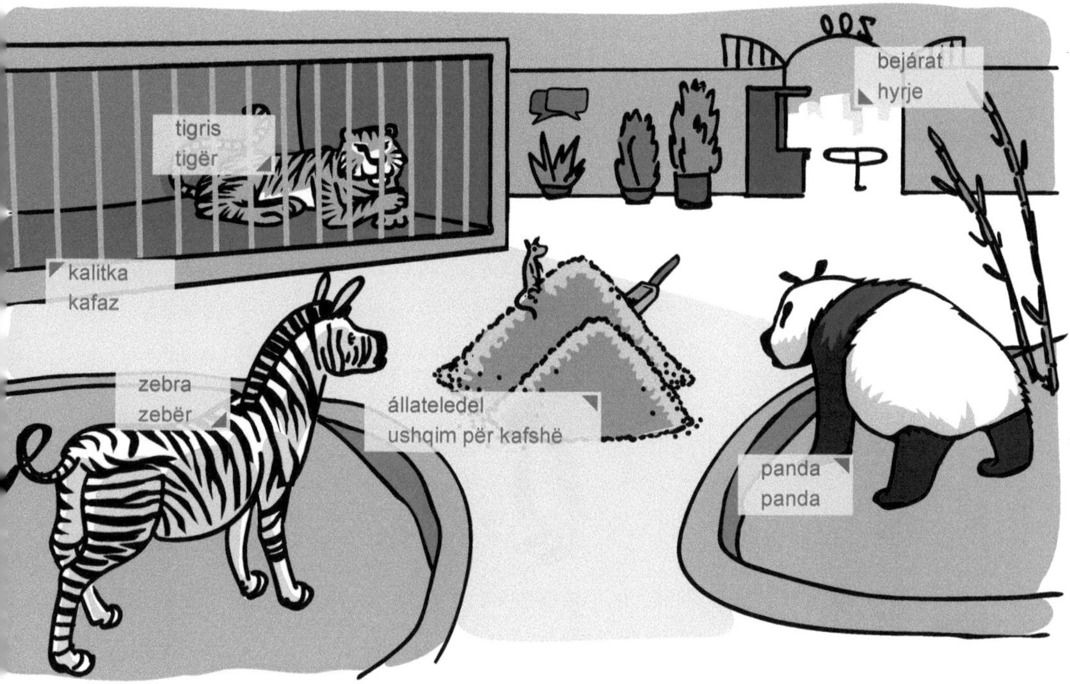

bejárat
hyrje
tigris
tigër
kalitka
kafaz
zebra
zebër
állateledel
ushqim për kafshë
panda
panda

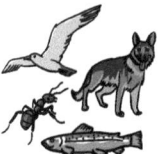

állatok

kafshë

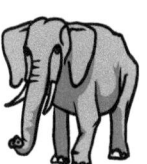

elefánt

elefant

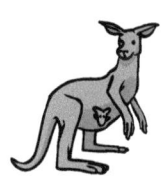

kenguru

kangur

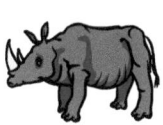

orrszarvú

rinoceront

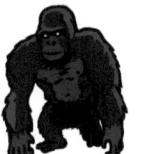

gorilla

gorillë

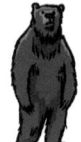

medve

ari

teve

deve

strucc

struc

oroszlán

luan

majom

majmun

flamingó

flamingo

papagáj

papagall

jegesmedve

ari polar

pingvin

pinguin

cápa

peshkaqen

páva

pallua

kígyó

gjarpër

krokodil

krokodil

állatgondozó

punonjës i kopshtit zoologjik

fóka

fokë

jaguár

xhaguar

póniló
poni

leopárd
leopard

víziló
hipopotam

zsiráf
gjirafë

sas
shqiponjë

vaddisznó
derr i egër

hal
peshk

teknős
breshkë

rozmár
lopë deti

róka
dhelpër

gazella
gazelë

sportok
sportet

amerikai futball
futboll amerikan

kerékpározás
çiklizëm

tenisz
tenis

kosárlabda
basketboll

úszás
not

boksz
boks

jégkorong
hokej mbi akull

futball	tollas	atlétika
futboll	badminton	atletikë
kézilabda	síelés	lovaspóló
hendboll	ski	polo

ugrani
hidhem

ölelni
përqafoj

nevetni
qesh

sétálni
eci

énekelni
këndoj

álmodni
ëndërroj

dicsérni
lutem

csókolni
puth

írni	rajzolni	mutatni
shkruaj	vizatoj	tregoj

tolni	adni	vinni
shtyj	jap	marr

birtokolni

kam

csinálni

bëj

lenni

jam

állni

qëndroj

futni

vrapoj

húzni

tërheq

hajít

hedh

esni

bie

hazudni

shtrihem

várni

pres

vinni

mbaj

ülni

ulem

felvenni

vishem

aludni

fle

felébredni

zgjohem

ránézni

shikoj

sírni

qaj

simogat

përkëdhel

fésülni

kreh

beszélni

bisedoj

megérteni

kuptoj

kérdezni

kërkoj

hallgatni

dëgjoj

inni

pi

enni

ha

takarítani

sistemoj

szeretni

dashuroj

főzni

gatuaj

vezetni

drejtoj makinën

szállni

fluturoj

vitorlázni

lundroj

számol

llogaris

olvasni

lexoj

tanulni

mësoj

dolgozni

punoj

házasodni

martohem

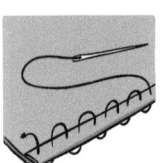

varrni

qep

fogat mosni

laj dhëmbët

ölni

vras

dohányozni

tymos

küldeni

dërgoj

nagymama
gjyshe

nagypapa
gjysh

apa
baba

anya
nënë

kisbaba
bebe

lány
vajzë

fiú
djalë

vendég
....
mysafir

nagynéni
....
teze, hallë

nagybácsi
....
dajë, xhaxha

fiútestvér
....
vëlla

lánytestvér
....
motër

test

trupi

homlok
balli
szem
syri
váll
shpatulla
ujj
gishti
arc
fytyra
áll
mjekra
kéz
dora
láb
këmba
mell
krahërori
kar
krahu

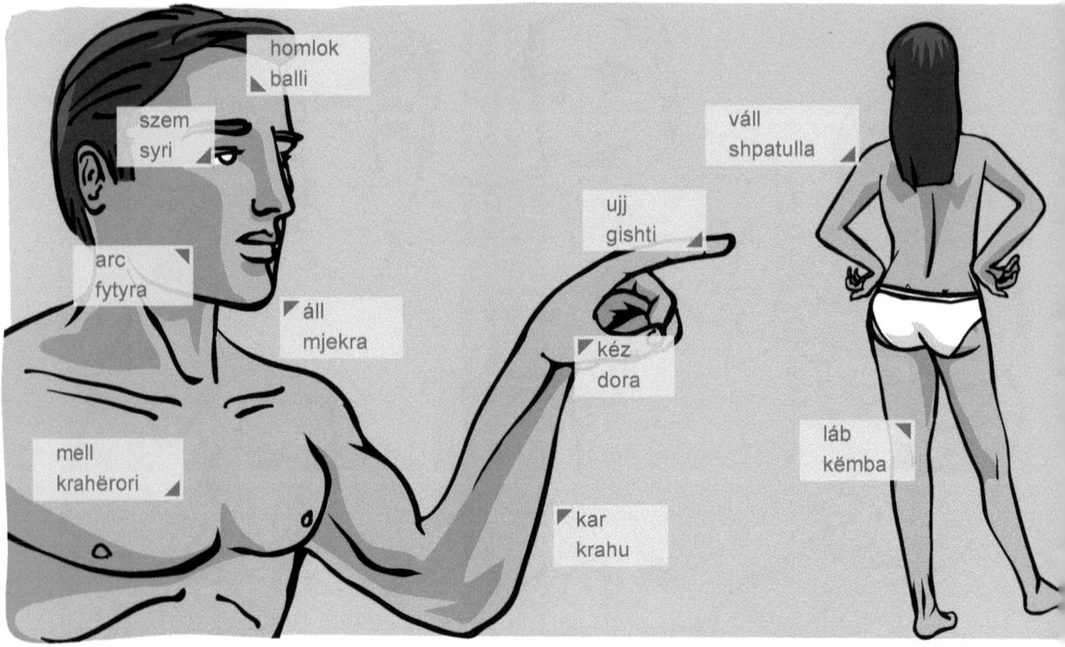

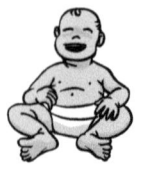

kisbaba
bebe

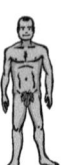

ember
burrë

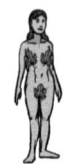

nő
grua

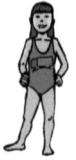

lány
vajzë

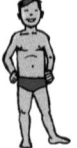

fiú
djalë

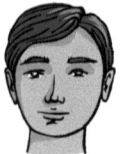

fej
koka

hát
shpina

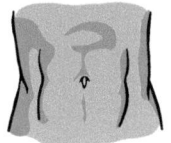

has
barku

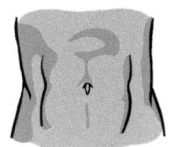

köldök
kërthiza

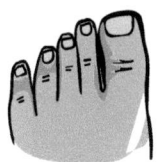

lábujj
gisht këmbe

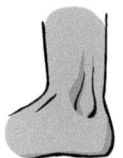

sarok
Thembra

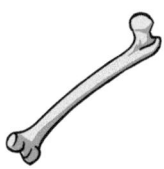

csont
kockë

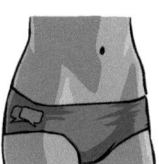

csípő
legeni

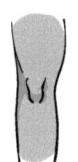

térd
gjuri

könyök
bërryli

orr
hunda

fenék
vithe

bőr
lëkura

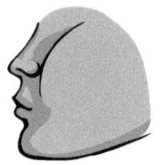

orca
faqja

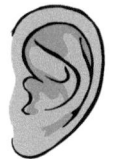

fül
veshi

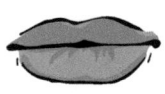

ajak
buza

száj

goja

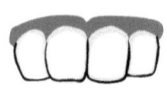

fog

dhëmbët

nyelv

gjuha

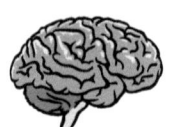

agy

truri

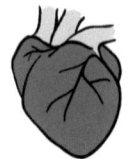

szív

zemra

izom

muskul

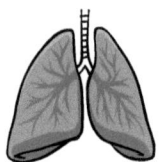

tüdő

mushkëria

máj

mëlçia

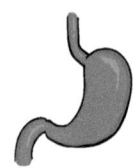

gyomor

stomaku

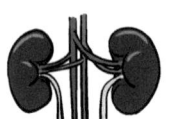

vese

veshka

szex

seks

kondom

prezervativ

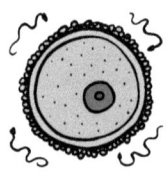

petesejt

veza

sperma

sperma

terhesség

shtatëzani

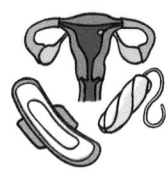

menstruáció

menstruacione

vagina

vagina

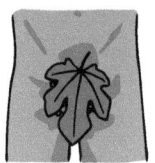

pénisz

penis

szemöldök

vetulla

haj

flokët

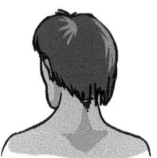

nyak

qafa

kórház
spital

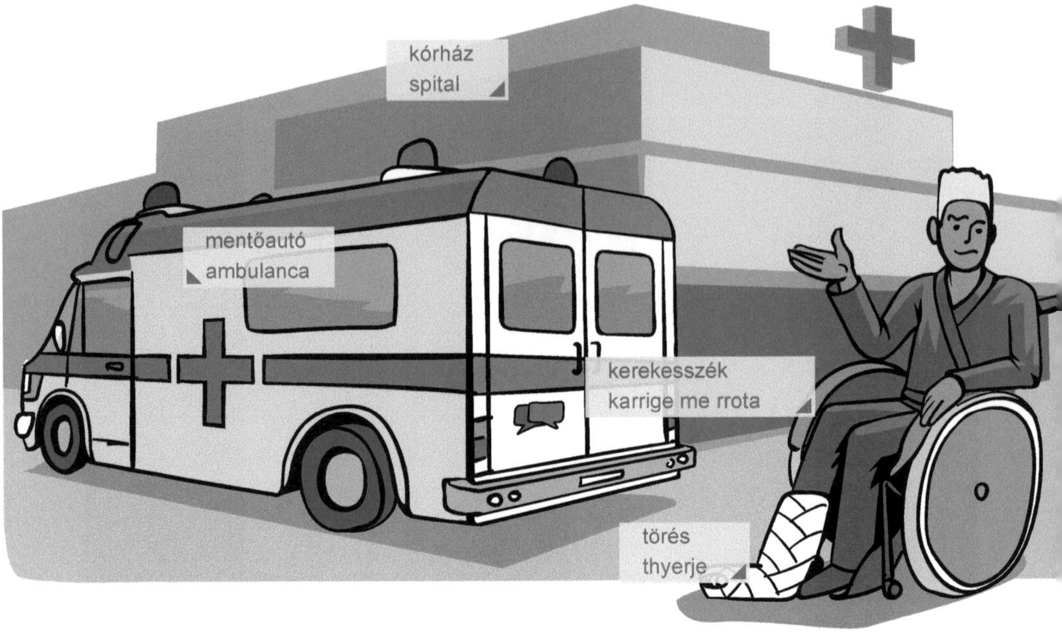

kórház
spital
mentőautó
ambulanca
kerekesszék
karrige me rrota
törés
thyerje

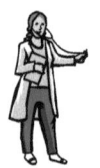

orvos

mjek

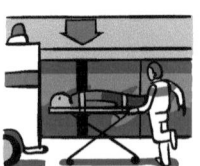

sürgősségi osztály

sallë urgjencash

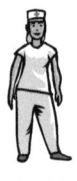

ápoló

infermiere

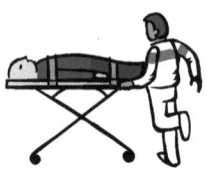

vészhelyzet

emergjencë

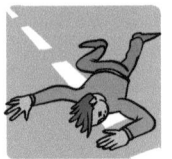

eszméletlen

i pandërgjegjshëm

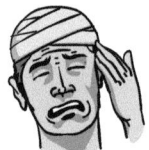

fájdalom

dhimbje

sérülés

dëmtim

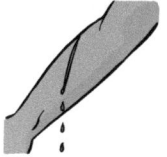

vérzés

gjakosje

szívroham

infarkt

szélütés

goditje

allergia

alergji

köhögés

kolla

láz

ethe

influenza

grip

hasmenés

diarre

fejfájás

dhimbje koke

rák

kancer

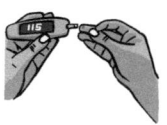

cukorbetegség

diabet

sebész

kirurg

szike

bisturi

műtét

operacion

CT

CT (skaner)

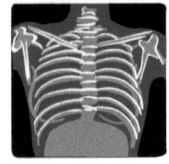

röntgen

radiografi

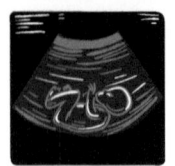

ultrahang

ultratingull

arcmaszk

maskë fytyre

betegség

sëmundje

váróterem

dhomë pritjeje

mankó

paterica

sebtapasz

leukoplast

kötszer

fasho

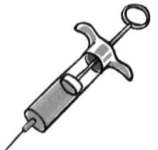

injekció

injeksion

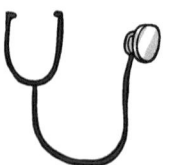

sztetoszkóp

stetoskop

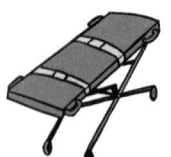

hordágy

barelë

klinikai hőmérő

termometër

születés

lindje

túlsúly

mbipeshë

hallókészülék
aparat dëgjimi

fertőtlenítőszer
dezinfektant

fertőzés
infeksion

vírus
virus

HIV/AIDS
HIV / AIDS

orvosság
mjekësi, mjekim

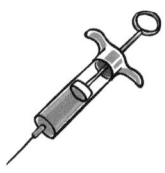

oltás
vaksinim

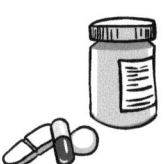

tabletták
tableta

tabletta
pilulë

sürgősségi hívás
telefonatë emergjence

vérnyomásmérő
aparat tensioni

betegség / egészség
i sëmurë / i shëndetshëm

Segítség!

Ndihmë!

riasztás

alarm

rajtaütés

sulm

támadás

atak

veszély

rrezik

vészkijárat

dalje emergjence

tűz!

Zjarr!

tűzoltókészülék

fikëse zjarri

baleset

aksident

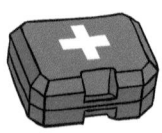

elsősegélycsomag

kuti e ndimës së shpejtë

SOS

SOS

rendőrség

policia

Európa

Europa

Észak-Amerika

Amerika e Veriut

Dél-Amerika

Amerika e Jugut

Afrika

Afrika

Ázsia

Azia

Ausztrália

Australia

Atlanti-óceán

Atlantiku

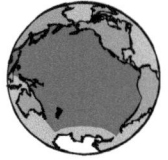

Csendes-óceán

Paqësori

Indiai-óceán

Oqeani Indian

Déli-óceán

Oqeani Antarktik

Jeges-tenger

Oqeani Arktik

Északi-sark

Poli i veriut

Déli-sark

Poli i Jugut

Antarktisz

Antarktida

föld

toka

szárazföld

tokë

tenger

det

sziget

ishull

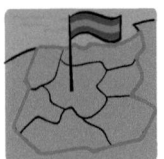

nemzet

komb

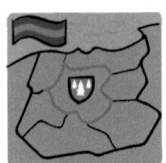

állam

shtet

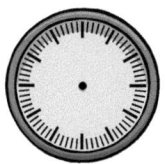

számlap

fusha e orës

kismutató

akrepi i orës

nagymutató

akrepi i minutave

másodpercmutató

akrepi i sekondave

Mennyi az idő?

Sa është ora?

nap

ditë

idő

kohë

most

tani

digitális óra

orë dixhitale

perc

minutë

óra

orë

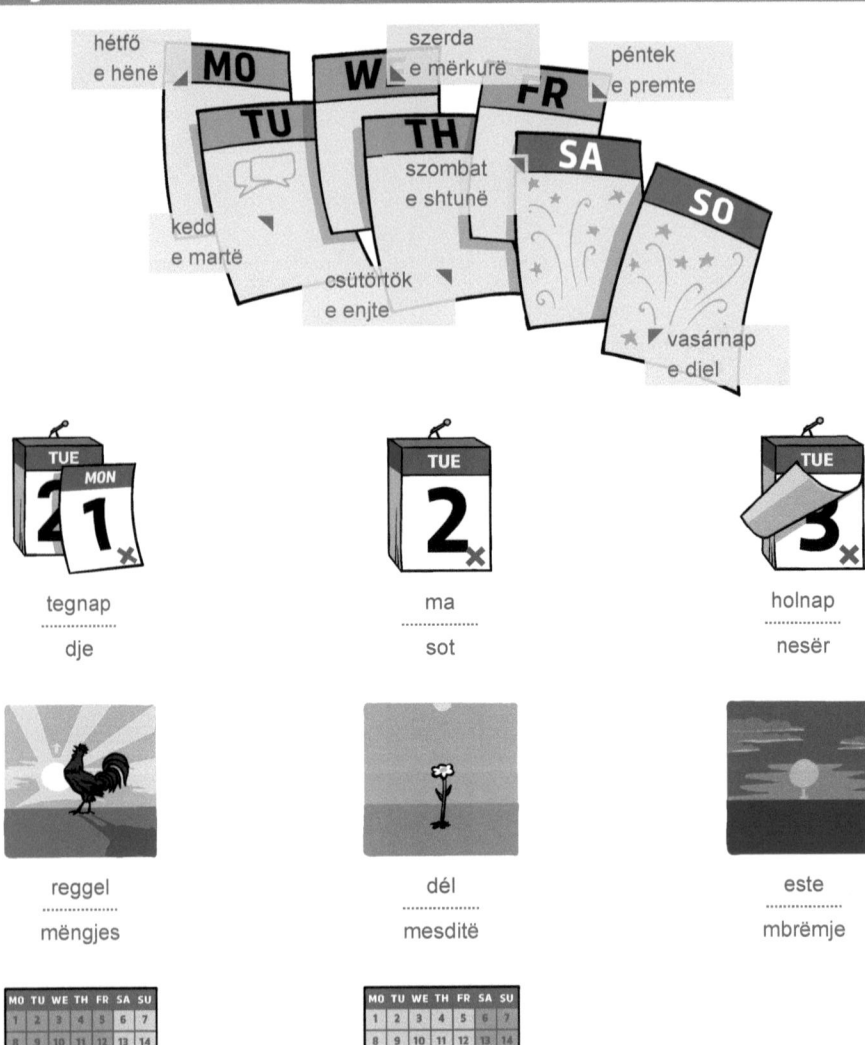

hétfő — e hënë — MO

szerda — e mërkurë — W

péntek — e premte — FR

TU

TH

SA

kedd — e martë

szombat — e shtunë

SO

csütörtök — e enjte

vasárnap — e diel

tegnap
dje

ma
sot

holnap
nesër

reggel
mëngjes

dél
mesditë

este
mbrëmje

hétköznap
ditë pune

hétvége
fundjavë

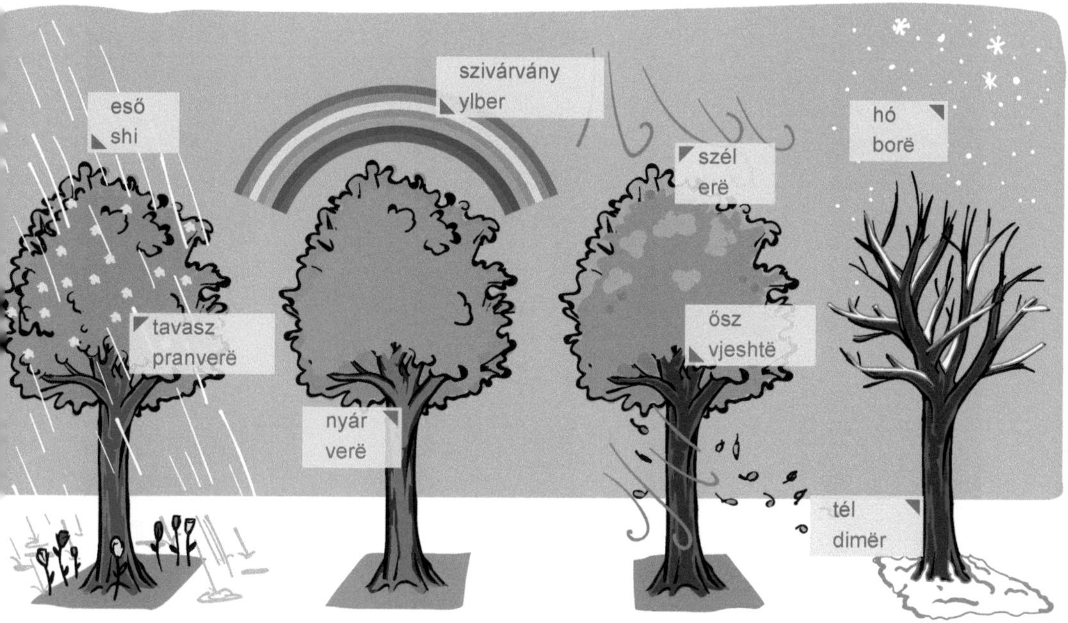

eső
shi
szivárvány
ylber
szél
erë
hó
borë
tavasz
pranverë
ősz
vjeshtë
nyár
verë
tél
dimër

4.APRIL 11°
5.APRIL 4°
6.APRIL 13°
7.APRIL 8°
8.APRIL 10°

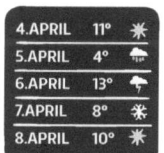

időjárás előrejelzés

parashikimi i motit

F C
120 40
90 30
60 20
30 10
0 0
-30 -10
-20

hőmérő

termometër

napsütés

ndriçim dielli

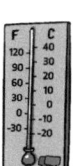

felhő

re

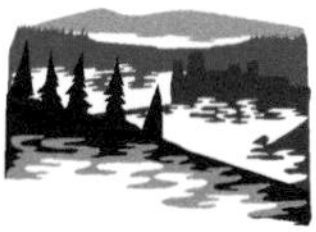

köd

mjegull

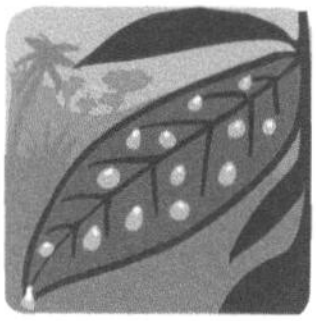

páratartalom

lagështi

villámlás
....
vetëtima

mennydörgés
....
gjëmim

vihar
....
stuhi

jégeső
....
breshër

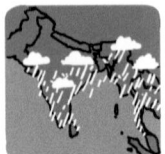

monszun
....
muson

áradás
....
përmbytje

jég
....
akull

január
....
janar

február
....
shkurt

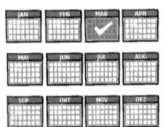

március
....
mars

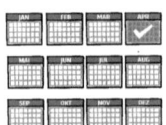

április
....
prill

május
....
maj

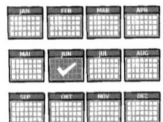

június
....
qershor

július
....
korrik

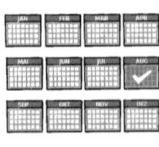

augusztus
....
gusht

szeptember
....
shtator

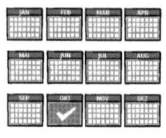

október
....
tetor

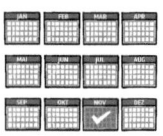

november
....
nëntor

december
....
dhjetor

kör
....
rreth

négyzet
....
katror

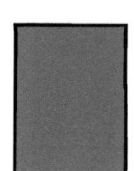

téglalap
....
drejtkëndësh

háromszög
....
trekëndësh

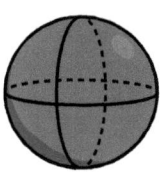

gömb
....
sferë

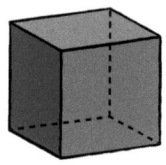

kocka
....
kub

fehér
e bardhë

sárga
e verdhë

narancs
portokalli

rózsaszín
rozë

piros
e kuqe

lila
vjollcë

kék
blu

zöld
e gjelbër

barna
kafe

szürke
gri

fekete
e zezë

sok / kevés
·············
shumë / pak

mérges / nyugodt
·············
i nevrikosur / i qetë

szép / csúnya
·············
i bukur / i shëmtuar

kezdet / vég
·············
fillim / fund

nagy / kicsi
·············
i madh / i vogël

világos / sötét
·············
i ndritshëm / i errët

fivér / nővér
·············
vëlla / motër

tiszta / koszos
·············
e pastër / e pistë

teljes / nem teljes
·············
e plotë / jo e plotë

nappal / éjszaka
·············
ditë / natë

halott / élő
·············
gjallë / vdekur

széles / keskeny
·············
i gjerë / i ngushtë

ehető / nem ehető
i ngrënshëm / i
pangrënshëm

gonosz / kedves
i keq / i këndshëm

izgatott / unott
i lumtur / i mërzitur

kövér / vékony
i shëndoshë / i dobët

első / utolsó
e para / e fundit

barát / ellenség
mik / armik

teli / üres
plot / bosh

kemény / puha
e fortë / e butë

nehéz / könnyű
e rëndë / e lehtë

éhség / szomjúság
uri / etje

betegség / egészség
i sëmurë / i shëndetshëm

illegális / legális
e paligjshme / e ligjshme

intelligens / buta
i zgjuar / budalla

bal / jobb
majtas / djathtas

közel / távol
afër / larg

új / használt
....
e re / e përdorur

semmi / valami
....
asgjë / diçka

idős / fiatal
....
i moshuar / i ri

be / ki
....
ndezur / fikur

nyitva / zárva
....
hapur / mbyllur

csendes / hangos
....
i qetë / i zhurmshëm

gazdag / szegény
....
i pasur / i varfër

helyes / helytelen
....
e drejtë / e gabuar

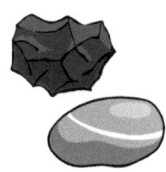

érdes / sima
....
i ashpër / i butë

szomorú / vidám
....
i mërzitur / i lumtur

rövid / hosszú
....
i shkurtër / i gjatë

lassú / gyors
....
ngadalë / shpejt

nedves / száraz
....
i lagësht / i thatë

meleg / hideg
....
ngrohtë / freskët

háború / béke
....
luftë / paqe

0

nulla

zero

1

egy

një

2

kettő

dy

3

három

tre

4

négy

katër

5

öt

pesë

6

hat

gjashtë

7

hét

shtatë

8

nyolc

tetë

9

kilenc

nentë

10

tíz

dhjetë

11

tizenegy

njëmbëdhjetë

12

tizenkettő

dymbëdhjetë

13

tizenhárom

trembëdhjetë

14

tizennégy

katërmbëdhjetë

15

tizenöt

pesëmbëdhjetë

16

tizenhat

gjashtëmbëdhjetë

17

tizenhét

shtatëmbëdhjetë

18

tizennyolc

tetëmbëdhjetë

19

tizenkilenc

nentëmbëdhjetë

20

húsz

njëzetë

100

száz

qind

1.000

ezer

mijë

1.000.000

millió

milion

angol

anglisht

amerikai angol

anglishte amerikane

mandarin kínai

kinezisht mandarin

hindi

hindi

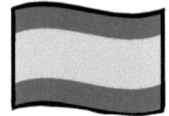

spanyol

spanjisht

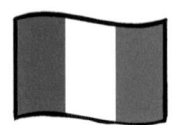

francia

frëngjisht

arab

arabisht

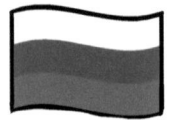

orosz

rusisht

portugál

portugalisht

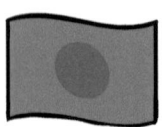

bengáli

bengalisht

német

gjermanisht

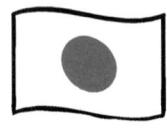

japán

japonisht

én
....
unë

te
....
ti

ő
....
ai / ajo

mi
....
ne

ti
....
ju

ők
....
ata

ki?
....
kush?

mi?
....
çfarë?

hogyan?
....
si?

hol?
....
ku?

mikor?
....
kur?

név
....
emër

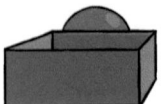

mögött
....
pas

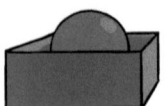

benne
....
në

elötte
....
përballë

felette
....
sipër

rajta
....
mbi

alatta
....
poshtë

mellett
....
pranë

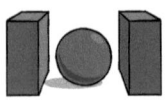

között
....
midis

hely
....
vend